ALPHABET
DES
ANIMAUX

Dessins de GAGNIET

PARIS
BERNARDIN-BÉCHET, ÉDITEUR,
31, QUAI DES AUGUSTINS
1862

ALPHABET
DES ANIMAUX
ILLUSTRÉ

CONTENANT DES EXERCICES DE LECTURE

L'HISTOIRE DES ANIMAUX LES PLUS REMARQUABLES

DES PRIÈRES ET DES FABLES

POISSY, — TYPOGRAPHIE ARBIEU

ALPHABET DES ANIMAUX

Dessins de GAGNIET

PARIS
BERNARDIN-BÉCHET, ÉDITEUR,
31, QUAI DES AUGUSTINS
1862

LETTRES MAJUSCULES

A B C

D E F

G H I J

K L M

— 6 —

N O P

Q R S

T U V

X Y Z

LETTRES MAJUSCULES

A B C D
E F G H
I J K L M
N O P Q
R S T U
V X Y Z

LETTRES MINUSCULES

a b c d
e f g h
i j k l m
n o p q
r s t u
v x y z

MAJUSCULES ITALIQUES

A B C D
E F G H
I J K L M
N O P Q
R S T U
V X Y Z

1.

MINUSCULES ITALIQUES

a b c d

e f g h

i j k l m

n o p q

r s t u

v x y z

MAJUSCULES GOTHIQUES

A B C D E

F G H I K

L M N O P

Q R S T U

V X Y Z

MINUSCULES GOTHIQUES

a b c d e

g h i j k

m n o p q

s t u v w

y z

MAJUSCULES ANGLAISES

A B C D E
F G H I
K L M N
O P Q R S
T U V W
X Y Z

MINUSCULES ANGLAISES

a b c d e f

g h i j k l

m n o p q r

s t u v x

w y z

MAJUSCULES RONDES

A B C D
E F G H I K
L M N O
P Q R S T
U V X Y Z

MINUSCULES RONDES

a b c d e f

g h i j k l

m n o p q r

s t u v x

y z

LETTRES ORNÉES

— 19 —

VOYELLES MAJUSCULES

A E I O U Y

VOYELLES MINUSCULES

a e i o u y

LETTRES ACCENTUÉES

à â é è ê î ô ù û

CHIFFRES

0 1 2 3 4 5 6 7 8 9

Zéro Un Deux Trois Quatre Cinq Six Sept Huit Neuf

SIGNES DE PONCTUATION

Virgule (,)
Point et Virgule (;)
Point (.)
Deux Points (:)
Apostrophe (') l'orage
Point d'interrogation (?)
Point d'exclamation (!)
Trait-d'union (-)
Parenthèse ()
Guillemet (»)

SYLLABES

ba	be	bi	bo	bu
ca	ce	ci	co	cu
da	de	di	do	du
fa	fe	fi	fo	fu
ga	ge	gi	go	gu
ha	he	hi	ho	hu
ja	je	ji	jo	ju
ka	ke	ki	ko	ku
la	le	li	lo	lu
ma	me	mi	mo	mu

na	ne	ni	no	nu
pa	pe	pi	po	pu
qua	que	qui	quo	quu
ra	re	ri	ro	ru
sa	se	si	so	su
ta	te	ti	to	tu
va	ve	vi	vo	vu
xa	xe	xi	xo	xu
za	ze	zi	zo	zu

bla	ble	bli	blo	blu
cla	cle	cli	clo	clu

dra	dre	dri	dro	dru
fla	fle	fli	flo	flu
gla	gle	gli	glo	glu
pla	ple	pli	plo	plu
spa	spe	spi	spo	spu
tra	tre	tri	tro	tru
vra	vre	vri	vro	vru

MOTS D'UNE SYLLABE

Air	Bon	Pont
Deux	Bien	Banc
Oui	Pas	Bol
Et	Par	Buis
De	Sans	Main
Huit	Dieu	Loi
Si	Don	Jeu
Dont	Doux	Un
Ni	Sur	Or
Le	Ton	Est

MOTS DE DEUX SYLLABES

Pa-pa	Da-da
Ma-man	Chai-se
Bi-jou	Sol-dat
En-fant	Na-nan
Cou-sin	Oi-seau
Bon-ne	Ca-non
Tam-bour	Tau-reau
Bal-le	Mou-le
Bou-le	Che-val
Gà-teau	Cor-beau

MOTS DE DEUX ET TROIS SYLLABES

É-toi-le	En-ton-noir
Ré-ser-voir	Mai-son
Ta-blier	Sou-ve-nir
Son-net-te	Poi-vre
Pa-ra-dis	Sa-van-te
É-gli-se	Com-plet
Fa-mil-le	Heu-reu-se
O-rai-son	Trou-vé
Doc-tri-ne	Ju-ge-ront
En-trail-les	Tan-te

2.

MOTS DE QUATRE SYLLABES

Pé - ni - ten - ce
Pro - me - na - de
Gour - man - di - se
Con - ve - na - ble
Glou - ton - ne - rie
Do - mes - ti - que
Fa - ci - le - ment
Re - con - nais - sant
Mar - chan - di - se
Fi - na - le - ment

MEMBRES DE PHRASES

Demain je chanterai un cantique.

Il faut préférer l'honneur à la fortune.

Cette dame me dit avoir mal à la tête.

On lui portera du pain et du vin.

L'hiver sera très-rigoureux.

Le froid ne te fera pas mourir.

Écoutons toujours les bons conseils.

Paris est une des plus grandes villes du monde.

On doit aimer et désirer la sagesse et la vertu.

C'est Dieu qui a fait le ciel et la terre.

Le printemps ranime toute la nature.

PHRASES

Dieu veut que les petits enfants aiment bien leur père, leur mère, leurs frères et leurs sœurs, puis qu'ils apprennent aussi à bien lire, à écrire, à parler et à chanter.

Dieu veut encore que les petits enfants pensent à lui tous les jours, tous les matins en se levant, tous les soirs en se couchant, et qu'ils le prient de tout leur cœur.

Comme c'est Dieu qui donne la vie aux petits enfants et la leur conserve, il s'en suit que c'est lui qu'ils doivent aimer le plus.

———

CRIS DES ANIMAUX

Le renard glapit.
La grenouille coasse.
Le serpent siffle.
Le cheval hennit.
Le taureau mugit.
Le bœuf beugle.
L'âne brait.
Le mouton bêle.
Le chien aboie.
Le chat miaule.

Le cochon grogne.

L'agneau bêle.

Le coq chante.

Le corbeau croasse.

Le lion rugit.

Le loup hurle.

Le moineau pépie.

La pie babille.

Le pigeon roucoule.

Le rossignol ramage.

La tourterelle gémit.

DIVISION DU TEMPS

Cent ans font un siècle.

Trois cent soixante-cinq jours font un an.

Il y a douze mois dans un an.

Il y a trente jours dans un mois.

Les mois de l'année sont : Janvier, Février, Mars, Avril, Mai, Juin, Juillet, Août, Septembre, Octobre, Novembre, Décembre.

On divise les mois en quatre semaines; chaque semaine est composée de sept jours que l'on nomme : Lundi, Mardi, Mercredi, Jeudi, Vendredi, Samedi, Dimanche.

LES SAISONS

Il y a quatre saisons dans l'année : le Printemps, l'Été, l'Automne et l'Hiver.

A   Ane   a

Sobre, patient et modeste, cet animal domestique, si injustement tourné en ridicule, est le plus utile et peut-être le plus précieux pour l'habitant des campagnes.

Généralement mal nourri, mal

soigné, mal traité, l'âne n'en est pas moins un serviteur courageux, soumis et fidèle à son maître, auquel il s'attache d'une manière particulière.

L'âne ne manque pas d'intelligence, quoi qu'on en dise; il a les yeux bons, l'oreille excellente, l'odorat des plus fins. Doué d'un grand fond de bonnes qualités, il résiste à la mauvaise éducation que doit lui procurer la grossièreté des valets auxquels il est abandonné et la malice des enfants.

Il est susceptible d'éducation, et l'on en a vu d'assez bien dressés pour faire curiosité de spectacle.

B   Bœuf   b

Cet animal, dont la docilité a quelque chose de surprenant quand on considère sa force et les moyens que la nature lui a donnés pour se défendre, rend à l'homme des services si grands et si précieux, que s'il n'est pas sa plus belle conquête, il en est au moins la plus riche.

Tout, dans le bœuf, sert à l'homme. Pendant sa vie, le bœuf donne à l'agriculteur son travail toujours actif, quelle que soit l'intempérie des saisons; et, lorsqu'il succombe sous la massue et sous le couteau du boucher, sa viande opulente lui fournit un des aliments les plus substantiels. Rien n'est perdu dans sa dépouille. Les cornes de sa tête servent à faire des peignes, des manches de couteau, des tabatières; avec ses pieds on fabrique une huile très-recherchée par l'industrie, et de sa peau on fait un cuir très-fort.

C Cheval c

La plus noble conquête que l'homme ait jamais faite est celle de ce fier et fougueux animal qui partage avec lui les fatigues de la guerre et la gloire des combats : aussi intrépide que son maître, le cheval voit le péril et l'affronte ; il se fait au bruit des armes, il l'aime, il le cherche et s'anime de la même ardeur ; il partage aussi ses plaisirs ; à la chasse, aux tournois, à la course, il brille, il étincelle ; mais, docile autant que courageux, il sait réprimer ses mouvements et fléchir sous la main de celui qui le guide.

Le cheval n'est point un modèle de patience et encore moins de sobriété. Il lui faut une nourriture choisie et presque délicate ; il est très-difficile à élever et coûte fort cher à entretenir.

La vie ordinaire du cheval est de vingt à vingt-cinq ans.

D Daim d

On parle souvent de culottes de peau de daim, de gants de peau de daim que porte la plus grande partie de nos troupes, et l'on ignore quel est l'animal qui fournit la matière première de ces deux objets.

3.

Plus petit que le cerf, d'un aspect plus agréable que lui, malgré le bois qui surmonte sa tête, le daim est un des plus jolis animaux qui peuplent la terre.

Loin d'être sauvages, les daims ont comme une sorte d'instinct pour la vie de communauté. Ils se réunissent en troupeaux sous la conduite d'un vieux mâle qui remplit les fonctions de chef, et auquel ils obéissent mieux que beaucoup d'enfants n'obéissent souvent à leur maître.

Le daim tient de la chèvre dont il a les pieds fourchus, et se plaît beaucoup plus dans les monts et rochers escarpés que dans les plaines.

E Éléphant e

Lourd, informe, mal bâti, semblable à un de ces anciens monuments que l'ignorance de tout art architectural a semés çà et là dans les régions encore sauvages, tel se présente à nous l'éléphant. Mais, que d'intelligence dans une masse aussi grossière, que d'adresse et que de force !

L'éléphant a, au suprême degré, le sentiment de sa dignité. Il est bon et n'aime pas que l'on se moque de lui.

On peut voir au Jardin des Plantes de Paris deux de ces animaux qui présentent affablement leur trompe aux visiteurs qui s'empressent d'y mettre des gâteaux, du pain ou du sucre.

Le conducteur de l'éléphant se nomme CORNAC.

Les dents de l'éléphant fournissent l'ivoire, qui sert à fabriquer une grande quantité d'objets d'art et de prix.

F Fouine f

La fouine est un animal carnassier, de la grosseur d'un chat, qui étrangle les petits oiseaux, les pigeons et les poulets.

Le caractère de la fouine est un peu féroce; elle entre dans un poulailler ou dans un colombier, et elle enlève, pour ses petits, tout ce qu'elle peut emporter. Elle a souvent soif, dort quelquefois pendant deux jours consécutifs; mais en revanche elle passe trois ou quatre nuits sans fermer l'œil. Sa fiente, qui a une odeur de musc, n'est pas du tout désagréable.

La fouine est plus redoutée que le renard par les habitants de la campagne. La couleur de son pelage est brun marron; la gorge et le ventre sont blancs.

G   Girafe   g

La girafe est encore un des êtres de la création qui prouvent que tout ce que Dieu a fait est bien fait et que sa providence généreuse ne s'est fourvoyée ni dans l'homme ni dans l'animal.

Dieu a donné à la girafe un long cou, parce que originaire d'Égypte, et vivant dans cette contrée où les palmiers qui lui servent de nourriture ont le feuillage très-élevé, il n'y avait qu'un animal de sa taille qui pût l'atteindre.

Le Pacha d'Égypte envoya au roi Charles X, comme témoignage de sa gratitude, deux de ces jolis quadrupèdes, dont on a admiré longtemps, au Jardin des Plantes, la belle robe de noir, de roux et de blanc tachetée.

La girafe est un animal indigène des royaumes d'Égypte, de Nigritie et d'Abyssinie, trois des plus belles provinces de l'Afrique.

H Hippopotame h

Figurez-vous une tête énorme, une gueule fendue jusqu'aux épaules, ou peu s'en faut, deux points presqu'imperceptibles qui forment les yeux de cet animal, un corps arrondi sur des jambes grêles en proportion de la masse qu'elles supportent, une longueur de quinze pieds environ, le tout pesant deux mille kilogrammes ou quatre mille livres, et vous vous représenterez l'hippopotame.

Cet animal vit de préférence dans l'eau, et il court dans les fleuves ou les rivières avec une rapidité telle qu'il devance la course d'un cheval en plein champ.

Sa peau, rugueuse comme l'écorce d'un chêne, est tellement dure qu'une balle ne pourrait pas la perforer.

L'hippopotame n'attaque jamais l'homme ; il se nourrit d'herbes et surtout de poissons.

I Isatis i

Si je pouvais vous conduire en Sibérie, je vous montrerais cette espèce de renard qu'on appelle l'isatis.

Mais je crains que le froid proverbial de cette contrée ne diminue votre ardeur pour l'étude et je me contenterai de vous dire quelques mots de ce quadrupède.

L'isatis appartient à cette espèce d'animaux carnassiers qui font la guerre aux oiseaux, dont ils dévorent les œufs avec une singulière avidité, aux poules et aux poulets, qu'ils croquent encore mieux que ne le fait maître renard, cet insigne fourbe dont Lafontaine vous dira les exploits quand vous saurez mieux lire.

Sa fourrure est recherchée, non pas autant que celle de la marte et de la zibeline, mais cependant assez pour ajouter de beaux deniers au commerce que les Russes font de ces objets.

J Jaguar j

Le Brésil, la Guïane, le Paraguay et le Mexique, ces terres de l'Amérique méridionale, si fécondes en richesses de toutes sortes, ont, dans le genre animal, des quadrupèdes très-dangereux. Le jaguar est de ce nombre.

Il a tous les instincts féroces du lion et du tigre sans en avoir la grandeur d'âme. Agile comme le chat, à la famille duquel il appartient, il grimpe sur les arbres afin de mieux guetter sa proie ; et, lorsqu'elle passe sans méfiance, il s'élance sur elle du haut de l'arbre où il était caché ; avec ses griffes, il lui crève les yeux et lui brise la nuque avec ses dents.

Le jaguar fait la guerre à tous les animaux, aux poissons et à l'homme lui-même.

Son pelage, d'un fauve vif en dessus, est marbré de taches noires ; on l'emploie pour faire des housses de luxe pour les chevaux.

K Kanguroo k

Parmi les nombreuses richesses livrées par l'Australie à l'avidité des Européens, un quadrupède, le kanguroo, a fixé l'attention des colons par ses qualités singulières. Les jambes de cet animal sont, celles de devant très-courtes et celles de derrière très-longues. Mais en revanche sa queue est longue et très-touffue ; elle lui sert de point d'appui, de manière qu'il peut franchir d'un seul bond des espaces de huit à dix mètres.

Sa marche habituelle n'a lieu que par bonds et par sauts.

Le kanguroo vit à l'état sauvage et se nourrit de fruits et de racines. Quand on l'apprivoise, et c'est très-facile, il mange tout ce qu'on lui donne, et boit toute espèce de liquides. Son pelage est fauve, et blanc sous le ventre.

L Lion l

Le lion a la figure imposante, le regard assuré, la démarche fière, la voix terrible. Sa taille bien prise, son corps bien proportionné paraît être le modèle de la force jointe à l'agilité.

Le lion porte une crinière ou plutôt

un long poil qui couvre toutes les parties antérieures de son corps, et qui devient toujours plus longue à mesure qu'il avance en âge.

Le lion, lorsqu'il a faim, attaque de face tous les animaux qui se présentent ; mais comme il est très-redouté, et que tous cherchent à éviter sa rencontre, il est souvent obligé de se cacher et de les attendre au passage.

Le rugissement du lion est si fort, que, quand il se fait entendre par échos, la nuit, dans les déserts, il ressemble au bruit du tonnerre. La chasse au lion est très-dangereuse et exige beaucoup d'adresse et d'intrépidité.

M Mouton m

Le mouton, ce quadrupède dont la fourrure est cette belle laine qui sert à faire nos habits les plus chauds et les plus précieux, est encore un des animaux dont l'utilité est reconnue. Outre sa laine, il fournit à l'homme une nourriture non-seulement fortifiante, mais encore d'un goût et d'un manger très-délicat. Une partie de sa graisse est employée à faire du suif, et de ses os l'industrie tire le noir animal qui sert à raffiner le sucre.

Le mouton se nourrit d'herbes. Les meilleurs pâturages sont ceux qui sont situés sur les bords de la mer ou sur les montagnes abondantes en thym et en serpolet.

Cet animal est le symbole de la stupidité. Il ne sait même pas fuir ses ennemis, et tous les animaux carnivores sont très-friands de sa viande.

N Nil-ghault n

Cet animal, qui tient du cerf par le cou et la tête, et du bœuf par les cornes et la queue, est néanmoins plus éloigné de l'un et de l'autre de ces deux genres que de celui des gazelles ou des grandes chèvres. Les climats chauds de l'Asie et de l'Afrique sont ceux qu'il préfère. On le trouve surtout dans l'Inde, non loin de Cachemire, d'où nous viennent ces belles laines dont on fait des châles à si juste titre célèbres.

Le Nil-ghault n'est point farouche. Il est au contraire très-doux, il aime qu'on se familiarise avec lui, lèche toujours la main de celui qui le soigne, le flatte ou lui présente du pain. Il mange de l'herbe, du foin, de l'avoine; mais à tout il préfère le pain de froment. Quand il est altéré, il boit jusqu'à huit litres d'eau.

Son poil est généralement gris-cendré ou mélangé de noir et de blanc.

Ours

L'ours est habitant des montagnes des Alpes et des Pyrénées, de l'Amérique ou des glaces de la mer du Nord.

Il est sauvage par sa nature et fuit toute société, pour vivre solitaire. C'est de là qu'est venu le proverbe français : « Vivre comme un ours »,

Il y a plusieurs espèces d'ours : l'ours brun d'Europe et l'ours noir d'Amérique, qui sont les plus communs et les mieux connus; l'ours blanc de mer, plus gros que les précédents, nage, plonge et pèche les poissons de toute taille, dont il fait sa nourriture ordinaire.

L'ours d'Europe mange volontiers des graines, des racines, des fruits et surtout le miel dont il est très-friand.

La peau de ces animaux est très-recherchée comme fourrure. Sa graisse sert à faire une pommade pour la conservation des cheveux.

P   Porc-épic   p

Le porc-épic est un quadrupède dont le corps est entièrement couvert d'aiguillons qu'il hérisse en contractant la peau quand il est en colère. Cet animal se trouve dans toutes les parties du monde, mais surtout en Afrique, dont il est originaire. Par son naturel doux, il peut être facilement apprivoisé. Il se nourrit de pain et de légumes, préférant à tout les herbes potagères. Le sentiment de la liberté est tellement fort chez lui que si on le renferme dans une cage, il travaille sans relâche à couper les barreaux ou à ronger les portes.

Ses aiguillons nuancés d'anneaux noirs et blancs sont utiles aux dessinateurs qui s'en servent pour faire des hampes à leurs pinceaux ; on en fait également de fort jolis porte-plumes.

Quachi

Le quachi ou coati est un animal qui appartient à la famille des carnassiers et qui, comme le renard ou la fouine, égorge les petits animaux, les volailles, mange les œufs et cherche les nids des oiseaux. C'est probablement à cause de cette conformité de naturel que l'on a regardé le coati comme une espèce de petit renard.

Le coati est de petite taille ; il a le corps et le cou allongés, la tête longue ainsi que le museau, dont la mâchoire supérieure est terminée par une espèce de groin mobile qui déborde d'un pouce et demi la mâchoire inférieure. Il a, comme l'ours, une grande facilité à se tenir debout sur les pieds de derrière, qui portent en grande partie sur le talon, lequel terminé par de grosses callosités semble se prolonger et augmenter l'étendue de l'assiette du pied. Son poil est roux ou brun.

R Rhinocéros r

Le rhinocéros se trouve, en Afrique, dans le royaume d'Abyssinie, et, en Asie, dans les royaumes de Bengale et de Potana. C'est un des plus grands quadrupèdes qui peuplent l'univers. Sauvage et stupide, il est cependant d'un naturel doux ; il vit de fruits, de racines et de jeunes rejetons d'arbre ; on n'a jamais pu l'utiliser, et c'est pourquoi on ne lui fait point la guerre comme à l'éléphant.

Cet animal a sur le bout du nez une corne longue et dure qui lui sert de défense, et sa peau est tellement âpre et épaisse, qu'elle est à l'épreuve d'une balle.

Afin de se préserver de la piqûre des insectes, le rhinocéros se roule dans la boue et se met ensuite au soleil pour faire sécher et durcir cette espèce de cuirasse.

 Singe s

Un cordonnier avait pour voisin un singe. Cet animal imitait tout ce qu'il voyait faire au propriétaire de l'é-chope. A peine celui-ci s'éloignait-il pour aller prendre ses repas, que maî-tre Jako s'installait gravement sur le tabouret du savetier, prenait le tire-pied, une forme, du cuir et un tranchet, et là il taillait, coupait, rognait, et Dieu sait le dégat qu'il faisait. Le pauvre savetier ne savait comment s'en débarrasser.

Un jour il prend un tranchet, se met devant une glace, et passe et repasse le tranchet sur son cou, comme pour se couper la gorge; puis il sort.

Le singe aussitôt d'accourir, de prendre le tranchet, et d'imiter ce qu'il vient de voir faire à son voisin. Mais, le maladroit! il tourna l'outil du côté du tranchant, et il se fit une telle entaille, que tout son sang s'échappa et qu'il mourut.

T   Truie   t

Nous mettrons ensemble le cochon et le sanglier, parce que tous deux ne font qu'une seule et même espèce ; l'un est l'animal sauvage et l'autre l'animal domestique.

De tous les quadrupèdes, le cochon paraît être le plus brute; les imperfections de la forme semblent influer sur le naturel; toutes ses habitudes sont grossières, tous ses goûts sont immondes. La rudesse du poil, la dureté de la peau, l'épaisseur de la graisse rendent ces animaux peu sensibles aux coups : on a vu des souris se loger sur leur dos et leur manger le lard et la peau sans qu'ils parussent le sentir.

On nomme truie la femelle du cochon, et laie la femelle du sanglier.

La chair de cet animal se vend à peu près autant que celle du bœuf; le lard se vend au double et au triple.

U   Unau   u

Un des animaux les plus à plaindre parmi ceux qui peuplent le Nouveau-Monde, c'est l'unau, plus communément connu sous le nom de PARESSEUX.

A le voir, on croirait qu'il a l'agilité du singe auquel il ressemble un peu ; mais lorsqu'on le regarde de bien près, et que l'on examine son poil qui ressemble à de l'herbe sèche, ses yeux couverts et comme appesantis par un invincible sommeil, sa mâchoire épaisse et lourde, ses jambes courtes et ses cuisses mal emboîtées, on devine aisément qu'il ne mange que tout juste ce qu'il lui faut pour ne pas mourir de faim. Et cependant il engraisse par suite de cette apathie naturelle.

L'unau vit de feuilles sauvages : il s'installe sur un arbre et ne le quitte que lorsqu'il en a dévoré toutes les feuilles.

V   Vache   v

On ne fera jamais un assez grand éloge de cet animal domestique, si précieux à l'homme. Rappelez-vous ce que nous vous avons dit en vous parlant du bœuf, et vous vous formerez une idée complète de l'intérêt que

5.

mérite la vache qui est sa femelle.

La vache nous donne le lait, et vous savez, mes petits gourmands, à combien de friandises le lait est utile. Toutes les crêmes dont vous faites vos délices, crême au café, crême au chocolat, crême à la vanille, se font avec le lait.

Le lait de la vache ne sert pas seulement à faire du beurre ; on peut en faire des fromages excellents qui sont souvent l'unique nourriture du paysan pauvre ou de l'ouvrier nécessiteux.

La VACCINE, maladie particulière aux vaches, sert en médecine pour nous préserver des ravages de la petite vérole.

X Xandarus x

Le xandarus, improprement appelé VACHE DE BARBARIE, n'est autre que le Bubalus des anciens; il n'est ni gazelle, ni chèvre, ni vache, ni élan, ni cerf; il appartient à une espèce particulière.

Le xandarus est assez commun en Barbarie et dans toutes les parties septentrionales de l'Afrique. Il est à peu près du même naturel que les antilopes ; il a, comme elles, le poil court, le cuir noir et la chair bonne à manger.

On apprivoise très-facilement le xandarus, et il se mêle très-bien avec les bœufs, avec lesquels il a du reste beaucoup de ressemblance soit comme mœurs, soit comme conformation du corps.

Y Yack y

Vous avez entendu parler d'un pacha à une, à deux ou à trois queues. Le nombre de queues que porte le pacha, à son étendard, indique le degré de dignité qu'il occupe dans la hiérarchie sociale parmi les Musulmans.

L'animal qui fournit ces queues se nomme yack, et les Mongols en ont fait un animal domestique très-utile. Il fait dans la Mongolie tous les travaux auxquels on soumet le bœuf dans nos pays. Du reste il a des cornes comme ce dernier, et ses jambes sont couvertes d'un poil très-long et très-fin. Sa queue ressemble à la queue d'un cheval; sur sa tête est une grosse touffe de poils crépus, et sur le cou il porte une espèce de crinière; son pelage est noir et assez lisse.

Z Zèbre z

Le zèbre est peut-être de tous les animaux quadrupèdes le mieux fait et le plus élégamment vêtu. Il a la figure et les grâces du cheval, la légèreté du cerf et la robe rayée de rubans noirs et blancs, disposés alternativement et avec tant de régularité et de symétrie qu'il semble que la nature ait employé la règle et le compas pour le peindre.

Ce bel animal qui, tant par la variété de ses couleurs que par l'élégance de sa forme est si supérieur à l'âne, paraît néanmoins lui tenir d'assez près par l'espèce ; la plupart des voyageurs lui ont donné en effet le nom d'ANE RAYÉ, parce qu'ils ont été frappés de la ressemblance de sa taille et de sa forme qui paraît, au premier coup-d'œil, avoir plus de rapport avec l'âne qu'avec le cheval.

PRIÈRES

ORAISON DOMINICALE

Notre Père qui êtes aux cieux, que votre nom soit sanctifié ; que votre règne arrive ; que votre volonté soit faite en la terre comme au ciel : donnez-nous aujourd'hui notre pain quotidien; pardonnez-nous nos offenses comme nous les pardonnons à ceux qui nous ont offensés, et ne nous laissez pas succomber à la tentation, mais délivrez-nous du mal.

Ainsi soit-il.

SALUTATION ANGÉLIQUE

Je vous salue, Marie, pleine de grâce; le Seigneur est avec vous; vous êtes bénie entre toutes les femmes, et Jésus, le fruit de vos entrailles, est béni. Sainte Marie, mère de Dieu, priez pour nous, pauvres pécheurs, maintenant et à l'heure de notre mort.

Ainsi soit-il.

SYMBOLE DES APOTRES

Je crois en Dieu le Père tout-puissant, créateur du ciel et de la terre, et en Jésus-Christ, son fils unique, notre Seigneur, qui a été conçu du Saint-Esprit, est né de la Vierge Marie, a souffert sous Ponce-Pilate, a été crucifié, est mort et a été enseveli ; est descendu aux enfers, et le troisième jour est ressuscité des morts ; est monté aux Cieux, est assis à la droite de Dieu le Père tout-puissant, d'où il viendra juger les vivants et les morts. Je crois au Saint-Esprit ; la sainte Église catholique ; la communion des Saints ; la rémission des péchés ; la résurrection de la chair ; la vie éternelle. Ainsi soit-il.

CONFESSION DES PÉCHES

Je confesse à Dieu tout-puissant, à la bienheureuse Marie toujours Vierge, à saint Michel Archange, à saint Jean-Baptiste, aux apôtres saint Pierre et saint Paul, à tous les Saints, et à vous, mon Père, que j'ai beaucoup péché, par pensées, par paroles, par actions et par omissions ; c'est ma faute, c'est ma faute, c'est ma très-grande faute. C'est pourquoi je supplie la bienheureuse Marie toujours Vierge, saint Michel Archange, saint Jean-Baptiste, les apôtres saint Pierre et saint Paul, tous les Saints, et vous, mon Père, de prier pour moi le Seigneur notre Dieu.

Que le Dieu tout-puissant nous fasse

miséricorde, qu'il nous pardonne nos péchés et nous conduise à la vie éternelle. Ainsi soit-il.

Que le Seigneur tout-puissant et miséricordieux nous accorde l'indulgence, l'absolution et la rémission de nos péchés. Ainsi soit-il.

COMMANDEMENTS DE DIEU

Un seul Dieu tu adoreras
Et aimeras parfaitement.
Dieu en vain tu ne jureras,
Ni autre chose pareillement.
Les Dimanches tu garderas
En servant Dieu dévotement.
Tes père et mère honoreras
Afin de vivre longuement.

Homicide point ne seras
De fait, ni volontairement.
Luxurieux point ne seras
De corps ni de consentement.
Le bien d'autrui tu ne prendras,
Ni retiendras à ton escient.
Faux témoignage ne diras,
Ni mentiras aucunement.
L'œuvre de chair ne désireras
Qu'en mariage seulement.
Biens d'autrui ne convoiteras
Pour les avoir injustement.

COMMANDEMENTS DE L'ÉGLISE

Les fêtes tu sanctifieras,
Qui te sont de commandement.
Les Dimanches la Messe ouïras

Et les fêtes pareillement.
Tous tes péchés confesseras,
A tout le moins une fois l'an.
Ton Créateur tu recevras
Au moins à Pâques humblement.
Quatre-Temps, Vigiles jeûneras,
Et le Carême entièrement.
Vendredi chair ne mangeras,
Ni le samedi mêmement.

HISTORIETTES

LE PETIT ORGUEILLEUX

Un jeune enfant, non content d'être servi et bien servi par les domestiques de son père, veut avoir un domestique à lui. « Tu l'auras, » lui dit son père, « mais sois certain que tu seras plus le domestique de ton domestique que lui-même ne sera le tien. » Le petit garçon insiste, son père lui donne un petit laquais vêtu d'une livrée galonnée, chaussé de bottes à revers et coiffé d'un chapeau à ganse d'or avec une belle cocarde. Ce laquais est fort élégant et fort leste, mais il est aussi fort paresseux, fort négligent et fort gourmand. De façon que c'est, au bout de quelque temps, le petit garçon qui est forcé, comme l'en avait prévenu son père, de nettoyer l'habit de son laquais, de faire les commissions de son laquais, de servir à table son laquais, d'être enfin le laquais de son laquais.

Quand le père croit la leçon suffisante, il renvoie le laquais, embrasse son fils et lui demande s'il ne vaut pas mieux en effet avoir à son service tous les domestiques de son père que d'en avoir un à soi.

LE PETIT IMPRUDENT

Des marins qui montaient une chaloupe, la Bien-Aimée, de Royan, petit village près de Bordeaux, aperçurent au large un bateau qui s'en allait en dérive, et dessus quelque chose de blanc qui s'agitait vivement. Un de ces marins, nommé Jean Luchet, jeune homme intrépide et courageux, malgré la violence des vagues et la pluie abondante qui tombait en ce moment, se mit dans une frêle embarcation et se dirigea vers le bateau. Ce quelque chose de blanc qu'on y voyait s'agiter, c'était un jeune enfant en chemise qui se lamentait et appelait son père, comme un naufragé appelle Dieu à son secours. Le petit imprudent était monté sur le bateau, l'avait détaché du rivage et eût infailliblement péri sans le secours que lui envoyait la Providence. L'enfant fut consolé et ramené à ses parents, que sa disparition avait laissé dans la plus cruelle inquiétude.

LE JEUNE ARTISTE

Salvator Rosa était un grand peintre qui vivait il y a bien longtemps. Il mourut dans l'année 1673. Il annonça de bonne heure qu'il deviendrait un grand artiste ; mais son père était pauvre, et voulait que son petit Salvatorello devint moine. Il le mit au couvent. Que faisait le jeune Salvator Rosa ? Il charbonnait tout le jour les murs de sa prison, car c'est ainsi qu'il appelait le couvent. Il reçut pour prix de ses dessins de rudes corrections ; mais il était né avec ce penchant, il s'obstina, il charbonna, charbonna, charbonna tant et si bien les murs du couvent, ne respectant ni ceux qui conduisaient chez le prieur, ni ceux qui conduisaient à l'église, que les bons pères le chassèrent de leur sainte maison.

Salvatorello fut au comble de la joie : il avait la liberté, et il pourrait dessiner, peindre ! Il se souvint de sa sœur Stella, mariée au peintre Francanzani. Il commença ses études dans l'atelier de son beau-frère, et fit des progrès rapides et immenses. Il devint l'un des peintres les plus habiles de son temps. Il a laissé cent quatre-vingts tableaux, et pourtant il mourut à l'âge de cinquante-huit ans.

LA JEUNE FILLE ET LA LOUVE

Une louve exerçait d'affreux ravages dans plusieurs villages des environs de Bordeaux. Après avoir assouvi sa fureur sur les bestiaux, elle s'était attaquée à l'enfant d'un vigneron, qui ramassait de la fougère contre la lisière d'un bois bordant la route. Cette jeune fille, à peine âgée de treize ans, défendit ses jours avec un courage héroïque, en faisant usage d'une serpe dont elle se trouvait heureusement armée. L'animal furieux, criblé de blessures, hurlait d'une manière épouvantable, tandis que l'enfant criait au secours de toute la force de ses poumons. Un chasseur qui passait tout près de là, accourut sur le lieu de la scène, et arriva assez tôt pour délivrer la jeune fille d'une lutte au-dessus de ses forces, et à laquelle elle eût succombé, si deux coups de fusil, tirés à bout portant, n'eussent étendu sans vie le cruel animal sur le sable.

FABLES

LE LOUP ET L'AGNEAU

La raison du plus fort est toujours la meilleure :
Nous l'allons montrer tout à l'heure.

Un agneau se désaltérait
Dans le courant d'une onde pure.
Un loup survient à jeun, qui cherchait aventure,
Et que la faim en ces lieux attirait.
Qui te rend si hardi de troubler mon breuvage?
Dit cet animal plein de rage :
Tu seras châtié de ta témérité.
— Sire, répond l'agneau, que votre majesté
Ne se mette pas en colère ;
Mais plutôt qu'elle considère
Que je me vas désaltérant
Dans le courant,
Plus de vingt pas au-dessous d'elle ;
Et que par conséquent en aucune façon,

Je ne puis troubler sa boisson.
— Tu la troubles ! reprit cette bête cruelle ;
Et je sais que de moi tu médis l'an passé.
— Comment l'aurais-je fait si je n'étais pas né,
    Reprit l'agneau ; je tette encor ma mère.
      — Si ce n'est toi c'est donc ton frère.
— Je n'en ai point. — C'est donc quelqu'un des tiens ;
    Car vous ne m'épargnez guère,
    Vous, vos bergers et vos chiens ;
On me l'a dit : il faut que je me venge.
    Là-dessus, au fond des forêts
    Le loup l'emporte, et puis le mange,
    Sans autre forme de procès.

LA CIGALE ET LA FOURMI

La cigale, ayant chanté
    Tout l'été,
Se trouva fort dépourvue
Quand la bise fut venue :
Pas un seul petit morceau
De mouche ou de vermisseau !
Elle alla crier famine
Chez la fourmi sa voisine,

La priant de lui prêter
Quelque grain pour subsister
Jusqu'à la saison nouvelle :
Je vous paierai, lui dit-elle,
Avant l'août, foi d'animal,
Intérêts et principal.
La fourmi n'est pas prêteuse;
C'est là son moindre défaut;
Que faisiez-vous au temps chaud?
Dit-elle à cette emprunteuse.
— Nuit et jour, à tout venant,
Je chantais, ne vous déplaise.
— Vous chantiez! j'en suis fort aise.
Hé bien! dansez maintenant.

LE CORBEAU ET LE RENARD

Maître corbeau, sur un arbre perché,
   Tenait dans son bec un fromage.
Maître renard, par l'odeur alléché,
   Lui tint à peu près ce langage :
   Hé! bonjour, monsieur du corbeau!
Que vous êtes joli! que vous me semblez beau!

Sans mentir, si votre ramage
Se rapporte à votre plumage,
Vous êtes le phénix des hôtes de ces bois.
A ces mots, le corbeau ne se sent pas de joie;
Et, pour montrer sa belle voix,
Il ouvre un large bec, laisse tomber sa proie.
Le renard s'en saisit, et dit : Mon bon monsieur,
Apprenez que tout flatteur
Vit aux dépens de celui qui l'écoute :
Cette leçon vaut bien un fromage, sans doute.
Le corbeau, honteux et confus,
Jura, mais un peu tard, qu'on ne l'y prendrait plus.

L'ENFANT ET LE MIROIR

Un enfant élevé dans un pauvre village
Revint chez ses parents, et fut surpris d'y voir
Un miroir.
D'abord il aima son image;
Et puis, par un travers bien digne d'un enfant,
Et même d'un être plus grand,
Il veut outrager ce qu'il aime,
Lui fait une grimace, et le miroir la rend.

Alors son dépit est extrême ;
Il lui montre un poing menaçant.
Il se voit menacé de même.
Notre marmot fâché s'en vient, en frémissant,
Battre cette image insolente :
Il se fait mal aux mains. Sa colère en augmente ;
Et, furieux, au désespoir,
Le voilà, devant ce miroir,
Criant, pleurant, frappant la glace.
Sa mère, qui survient, le console, l'embrasse.
Tarit ses pleurs, et doucement lui dit :
N'as-tu pas commencé par faire la grimace
A ce méchant enfant qui cause ton dépit ?
— Oui. — Regarde à présent : tu souris, il sourit ;
Tu tends vers lui les bras, il te les tend de même ;
Tu n'es plus en colère, il ne se fâche plus :
De la société tu vois ici l'emblême ;
Le bien, le mal, nous sont rendus.

TABLE
DE MULTIPLICATION

2	fois	2	font	4	5	fois	5	font	25	8 fois 8 font	64
2		3		6	5		6		30	8 9	72
2		4		8	5		7		35	8 10	80
2		5		10	5		8		40	8 11	88
2		6		12	5		9		45	8 12	96
2		7		14	5		10		50		
2		8		16	5		11		55	9 fois 9 font	81
2		9		18	5		12		60	9 10	90
2		10		20						9 11	99
2		11		22	6	fois	6	font	36	9 12	108
2		12		24	6		7		42		
3	fois	3	font	9	6		8		48	10 fois 10 font	100
3		4		12	6		9		54	10 11	110
3		5		15	6		10		60	10 12	120
3		6		18	6		11		66		
3		7		21	6		12		72	11 fois 11 font	121
3		8		24						11 12	132
3		9		27	7	fois	7	font	49		
3		10		30	7		8		56	12 fois 12 font	144
3		11		33	7		9		63		
3		12		36	7		10		70		
4	fois	4	font	16	7		11		77		
4		5		20	7		12		84		
4		6		24							
4		7		28							
4		8		32							
4		9		36							
4		10		40							
4		11		44							
4		12		48							

POISSY. — IMPRIMERIE ARBIEU.

www.ingramcontent.com/pod-product-compliance
Lightning Source LLC
Chambersburg PA
CBHW070532100426
42743CB00010B/2054